Jan Madison

C000252729

Índice de contenidos

Introducción

¿Quieres aprender sobre James Madison?
James Madison fue el primer político de Estados
Unidos. Fue un padre fundador, el cuarto
presidente de los Estados Unidos y un oligarca.
Este libro cuenta su historia.

James Madison fue uno de los Padres
Fundadores de Estados Unidos y desempeñó un
papel esencial en los primeros años de la
nación. Nacido en Virginia en 1751, Madison
asistió al College of New Jersey (actual
Universidad de Princeton) antes de regresar a
Virginia para estudiar Derecho. Rápidamente
adquirió importancia en la política de Virginia y
fue una figura clave en el movimiento por la
independencia de Gran Bretaña. Después de la
guerra, Madison desempeñó un papel
destacado en la redacción de la Constitución y
contribuyó a su ratificación mediante su trabajo
en los Documentos Federalistas.

A continuación, Madison fue miembro de la Cámara de Representantes y Secretario de Estado con el presidente Thomas Jefferson. En 1809, Madison fue elegido cuarto Presidente de los Estados Unidos. Se le conoce sobre todo por su liderazgo durante la Guerra de 1812 y por su labor posterior como miembro fundador del Partido Demócrata. A lo largo de su carrera, Madison siempre abogó por un gobierno federal fuerte, y se le considera uno de los pensadores políticos más importantes de la historia de Estados Unidos.

En esta biografía conocerá la vida de Madison como padre fundador, presidente y oligarca. Está repleta de información que le ayudará a comprender a una de las figuras más importantes de la historia de Estados Unidos.

James Madison

James Madison Jr. (16 de marzo de 1751 - 28 de junio de 1836) fue un estadista, diplomático y Padre Fundador estadounidense que ocupó el cuarto puesto de presidente de los Estados Unidos entre 1809 y 1817. Se le considera el "Padre de la Constitución" por su papel fundamental en la redacción y promoción de la Constitución de los Estados Unidos y la Carta de Derechos.

Nacido en el seno de una prominente familia de plantadores de Virginia, Madison fue miembro de la Cámara de Delegados de Virginia y del Congreso Continental durante y después de la Guerra de la Independencia. Desilusionado por la debilidad del gobierno nacional establecido por los Artículos de la Confederación, ayudó a organizar la Convención Constitucional, que elaboró una nueva constitución. El Plan de Virginia de Madison sirvió de base para las deliberaciones de la Convención Constitucional, y fue una de las personas más influyentes de la misma. Se convirtió en uno de los líderes del movimiento a favor de la ratificación de la Constitución, y se unió a Alexander Hamilton y John Jay en la redacción de *The Federalist Papers*, una serie de ensayos a favor de la ratificación que fue una de las obras de ciencia política más influyentes de la historia de Estados Unidos.

Madison se convirtió en un importante líder en la Cámara de Representantes y fue un estrecho asesor del presidente George Washington. A principios de la década de 1790, Madison se opuso al programa económico y a la consiguiente centralización del poder favorecidos por el Secretario del Tesoro Hamilton y organizó el Partido Demócrata-Republicano en oposición al Partido Federalista de Hamilton. Después de que Jefferson fuera elegido presidente, Madison fue su Secretario de Estado de 1801 a 1809. En ese puesto, supervisó la compra de Luisiana, que duplicó el tamaño de Estados Unidos.

Madison ganó las elecciones presidenciales de 1808. Después de que las protestas diplomáticas y el embargo comercial no consiguieran poner fin a las incautaciones británicas de barcos estadounidenses, condujo a Estados Unidos a la Guerra de 1812. La guerra fue un marasmo administrativo y terminó de forma inconclusa, pero muchos estadounidenses la vieron como una exitosa "segunda guerra de independencia" contra Gran Bretaña. Mientras la guerra avanzaba, Madison fue reelegido en 1812, aunque por un margen menor al de las elecciones de 1808. La guerra convenció a Madison de la necesidad de un gobierno federal más fuerte. Presidió la creación del Segundo Banco de los Estados Unidos y la promulgación del arancel protector de 1816. Bajo la presidencia de Madison, las tribus indias se vieron obligadas a ceder, por medio de un tratado o de la guerra, 23 millones de acres de tierras de los nativos americanos a los Estados Unidos y a los americanos blancos.

En 1817, Madison se retiró de los cargos públicos tras concluir su presidencia y regresó a su plantación de esclavos, Montpelier, y allí murió en 1836. Al igual que Jefferson y Washington, Madison era un rico propietario de esclavos que nunca concilió en privado sus creencias republicanas con la propiedad de esclavos. Obligado a pagar deudas, nunca liberó a sus esclavos. Madison está considerado como uno de los Padres Fundadores más importantes de los Estados Unidos, y los historiadores lo han calificado generalmente como un presidente por encima de la media, aunque son críticos con la forma en que Madison ejecutó la Guerra de 1812.

Vida temprana y educación

James Madison, hijo, nació el 16 de marzo de 1751 (5 de marzo de 1750, estilo antiguo) en la plantación Belle Grove, cerca de Port Conway, en la colonia de Virginia, hijo de James Madison padre y Nelly Conway Madison. Su familia había vivido en Virginia desde mediados del siglo XVI. Madison creció como el mayor de doce hijos, con siete hermanos y cuatro hermanas, aunque sólo seis llegaron a la edad adulta. Su padre era un plantador de tabaco que creció en una plantación, entonces llamada Mount Pleasant, que había heredado al llegar a la edad adulta. Con unos 100 esclavos y una plantación de 2.000 hectáreas, el padre de Madison era el mayor terrateniente y un ciudadano importante de Piamonte. El abuelo materno de Madison era un prominente plantador y comerciante de tabaco. A principios de la década de 1760, la familia Madison se trasladó a una casa recién construida a la que llamaron Montpelier.

De los 11 a los 16 años, Madison estudió con Donald Robertson, un instructor escocés que fue tutor de varias familias prominentes de plantadores del Sur. Madison aprendió matemáticas, geografía y lenguas modernas y clásicas; llegó a dominar el latín de forma excepcional. A los 16 años, Madison regresó a Montpelier, donde estudió con el reverendo Thomas Martin para prepararse para la universidad. A diferencia de la mayoría de los virginianos de su época que iban a la universidad, Madison no asistió al College of William and Mary, donde el clima de las tierras bajas de Williamsburg -que se consideraba más propenso a albergar enfermedades infecciosas- podría haber puesto a prueba su delicada salud. En su lugar, en 1769, se matriculó como estudiante en Princeton (entonces llamado formalmente College of New Jersey).

Sus estudios en Princeton incluían latín, griego, teología y las obras de la Ilustración. Se ponía gran énfasis en la oratoria y el debate; Madison fue un miembro destacado de la Sociedad Whig-Cliosófica Americana, que competía en el campus con su homóloga política, la Sociedad Cliosófica. Durante su estancia en Princeton, el amigo más cercano de Madison fue el futuro fiscal general William Bradford. Junto con otro compañero de clase, Madison emprendió un intenso programa de estudios y completó la licenciatura de tres años de la universidad en sólo dos años, graduándose en 1771. Madison pensó en ingresar en el clero o en el ejercicio de la abogacía, pero se quedó en Princeton para estudiar filosofía política y hebrea con el presidente de la universidad, John Witherspoon. Regresó a su casa en Montpelier a principios de 1772.

Las ideas de Madison sobre la filosofía y la moral fueron fuertemente moldeadas por Witherspoon, que lo convirtió a la filosofía, los valores y los modos de pensar del Siglo de las Luces. El biógrafo Terence Ball escribió que en Princeton, Madison "se sumergió en el liberalismo de la Ilustración y se convirtió al radicalismo político del siglo XVIII". A partir de entonces, las teorías de James Madison promoverían los derechos de la felicidad del hombre, y sus esfuerzos más activos servirían devotamente a la causa de la libertad civil y política".

Tras regresar a Montpelier, sin una carrera elegida, Madison ejerció de tutor de sus hermanos menores. Madison comenzó a estudiar libros de derecho en 1773. Pidió a su amigo de Princeton William Bradford, aprendiz de abogado a las órdenes de Edward Shippen en Filadelfia, que le enviara un plan escrito ordenado sobre la lectura de libros de derecho. A la edad de 22 años, no hay pruebas de que el propio Madison se esforzara por ser aprendiz de algún abogado en Virginia. En 1783, ya había adquirido un buen sentido de las publicaciones jurídicas. Madison se veía a sí mismo como un estudiante de derecho, pero nunca como un abogado: nunca se colegió ni ejerció. En sus años de madurez, Madison era sensible a la expresión "demi-abogado", o "medio abogado", un término burlón utilizado para describir a alguien que leía libros de derecho, pero no ejercía. Tras la Guerra de la Independencia, Madison pasó un tiempo en Montpelier, en Virginia, estudiando las antiguas democracias del mundo para preparar la Convención Constitucional.

Revolución Americana y Artículos de la Confederación

En 1765, el Parlamento británico aprobó la Ley del Timbre, que gravaba a los colonos americanos para ayudar a financiar los crecientes costes de la administración de la América británica. La oposición de los colonos al impuesto marcó el inicio de un conflicto que culminaría en la Revolución Americana. El desacuerdo se centró en el derecho del Parlamento a cobrar impuestos a los colonos, que no estaban representados directamente en ese organismo. Sin embargo, los acontecimientos se fueron deteriorando hasta el estallido de la Guerra Revolucionaria Americana de 1775-83, en la que los colonos se dividieron en dos facciones: Los leales, que siguieron adhiriéndose a Jorge III, y los patriotas, a los que Madison se unió, bajo el liderazgo del Congreso Continental. Madison creía que el Parlamento se había extralimitado al intentar gravar a las colonias americanas, y simpatizaba con los que se resistían al dominio británico. También estaba a favor de la desestructuración de la Iglesia Anglicana en Virginia; Madison creía que una religión establecida era perjudicial no sólo para la libertad de culto, sino también porque fomentaba una deferencia excesiva hacia la autoridad del Estado.

En 1774, Madison ocupó un puesto en el Comité de Seguridad local, un grupo pro-revolucionario que supervisaba la milicia patriota local. En octubre de 1775, fue nombrado coronel de la milicia del condado de Orange, y actuó como segundo al mando de su padre hasta que fue elegido delegado de la Quinta Convención de Virginia, encargada de elaborar la primera constitución del estado. De baja estatura y a menudo con mala salud, Madison nunca entró en combate en la Guerra de la Independencia, pero se hizo famoso en la política de Virginia como líder en tiempos de guerra.

En la convención constitucional de Virginia, convenció a los delegados de que modificaran la Declaración de Derechos de Virginia para establecer la "igualdad de derechos", en lugar de la mera "tolerancia", en el ejercicio de la religión. Con la promulgación de la constitución de

Virginia, Madison pasó a formar parte de la Cámara de Delegados de Virginia, y posteriormente fue elegido miembro del Consejo de Estado del gobernador de Virginia. En ese puesto, se convirtió en un estrecho aliado del gobernador Thomas Jefferson. El 4 de julio de 1776 se publicó la Declaración de Independencia de los Estados Unidos, en la que se declaraba formalmente a los 13 estados americanos como nación independiente.

Aunque Madison no fue firmante de los Artículos de la Confederación, contribuyó al debate sobre la libertad religiosa que afectó a la redacción de los Artículos. Madison había propuesto liberalizar el artículo sobre la libertad religiosa, pero la Convención de Virginia, más amplia, introdujo nuevos cambios. Posteriormente, el comité y la Convención en su conjunto lo enmendaron, incluyendo la adición de una sección sobre el derecho a un gobierno uniforme (Sección 14). Madison formó parte del Consejo de Estado desde 1777 hasta 1779, cuando fue elegido para el Segundo Congreso Continental, el órgano de gobierno de los Estados Unidos. Estados Unidos se enfrentaba a una difícil guerra contra Gran Bretaña, así como a una inflación galopante, problemas financieros y falta de cooperación entre los distintos niveles de gobierno. Según el historiador J.G.A. Stagg, Madison se esforzó por convertirse en un experto en cuestiones financieras, convirtiéndose en un caballo de batalla legislativo y en un maestro de la formación de coaliciones parlamentarias. Frustrado por el fracaso de los estados a la hora de suministrar las requisas necesarias, Madison propuso enmendar los Artículos de la Confederación para conceder al Congreso el poder de recaudar ingresos de forma independiente mediante aranceles sobre las importaciones.

Aunque el general George Washington, el congresista Alexander Hamilton y otros líderes influyentes también estaban a favor de la enmienda, ésta fue derrotada porque no consiguió la ratificación de los trece estados. Mientras era miembro del Congreso, Madison era un ferviente partidario de una estrecha alianza entre Estados Unidos y Francia y, como defensor de la expansión hacia el oeste, insistió en que la nueva nación debía asegurar su derecho a la navegación por el río Misisipi y el control de todas las tierras al este de éste en el Tratado de París que puso fin a la Guerra de la Independencia. Tras servir en el Congreso de 1780 a 1783, Madison ganó la elección a la Cámara de Delegados de Virginia en 1784.

Padre de la Constitución

Como miembro de la Cámara de Delegados de Virginia, Madison siguió abogando por la libertad religiosa y, junto con Jefferson, redactó el Estatuto de Virginia para la Libertad Religiosa. Esta enmienda, que garantizaba la libertad de religión y desestabilizaba la Iglesia de Inglaterra, fue aprobada en 1786. Madison también se convirtió en un especulador de tierras, comprando tierras a lo largo del río Mohawk en asociación con otro protegido de Jefferson, James Monroe. A lo largo de la década de 1780, Madison abogó por la reforma de los Artículos de la Confederación. Le preocupaba cada vez más la desunión de los estados y la debilidad del gobierno central tras el final de la Guerra de la Independencia en 1783. Creía que la "excesiva democracia" provocaba la decadencia social, y le preocupaban especialmente las leyes que legalizaban el papel moneda y negaban la inmunidad diplomática a los embajadores de otros países. También le preocupaba la incapacidad del Congreso para llevar a cabo la política exterior, proteger el comercio estadounidense y fomentar la colonización de las tierras situadas entre los montes Apalaches y el río Misisipi. Como escribió Madison, "había llegado una crisis que iba a decidir si el experimento americano iba a ser una bendición para el mundo, o si iba a arruinar para siempre las esperanzas que la causa republicana había inspirado". Se dedicó a estudiar intensamente el derecho y la teoría política y también se vio muy influenciado por los textos continentales de la Ilustración enviados por Jefferson desde Francia. Buscó especialmente obras sobre derecho internacional y las constituciones de "confederaciones antiguas y modernas", como la República Holandesa, la Confederación Suiza y la Liga Aquea. Llegó a creer que Estados Unidos podría mejorar los experimentos republicanos del pasado gracias a su tamaño; con tantos intereses distintos compitiendo entre sí, Madison esperaba minimizar los abusos del gobierno de la mayoría. Además, los derechos de navegación del río Misisipi preocupaban mucho a

Madison. Desdeñó una propuesta de John Jay de que Estados Unidos aceptara las reclamaciones sobre el río durante 25 años y, según el historiador John Ketchum, su deseo de luchar contra la propuesta desempeñó un papel importante en la motivación de Madison para volver al Congreso en 1787.

Antes de que se alcanzara el quórum en la Convención de Filadelfia el 25 de mayo de 1787, Madison trabajó con otros miembros de la delegación de Virginia, especialmente con Edmund Randolph y George Mason, para crear y presentar el Plan de Virginia. Este Plan era un esbozo de una nueva constitución federal; preveía tres ramas de gobierno (legislativa, ejecutiva y judicial), un Congreso bicameral (formado por el Senado y la Cámara de Representantes) repartido por población, y un Consejo Federal de Revisión que tendría derecho a vetar las leyes aprobadas por el Congreso. Reflejando la centralización del poder prevista por Madison, el Plan de Virginia concedía al Senado la facultad de anular cualquier ley aprobada por los gobiernos estatales. El Plan de Virginia no establecía explícitamente la estructura del poder ejecutivo, pero el propio Madison era partidario de un único ejecutivo. Muchos delegados se sorprendieron al saber que el plan exigía la derogación de los Artículos y la creación de una nueva constitución, que debía ser ratificada por convenciones especiales en cada estado y no por las legislaturas estatales. Con el asentimiento de destacados asistentes como Washington y Benjamin Franklin, los delegados entraron en una sesión secreta para considerar una nueva constitución.

Después de que la Convención de Filadelfia terminara en septiembre de 1787, Madison convenció a sus colegas congresistas para que se mantuvieran neutrales en el debate sobre la ratificación y permitieran a cada estado votar sobre la Constitución. En todo Estados Unidos, los opositores a la Constitución, conocidos como antifederalistas, iniciaron una campaña pública contra la ratificación. En respuesta, Hamilton y Jay comenzaron a publicar una serie de artículos periodísticos a favor de la ratificación en Nueva York. Después de que Jay abandonara el proyecto, Hamilton se dirigió a Madison, que estaba en Nueva York por asuntos del Congreso, para que escribiera algunos de los ensayos. En total, Hamilton, Madison y Jay escribieron los 85 ensayos de lo que se conoció como *The Federalist Papers* en seis meses, siendo Madison quien escribió 29 de los ensayos. Los Federalist *Papers* defendieron con éxito la nueva Constitución y abogaron por su ratificación ante el pueblo de Nueva York. Los artículos también se publicaron en forma de libro y se convirtieron en un manual de debate virtual para los partidarios de la Constitución en las convenciones de ratificación. El historiador Clinton Rossiter calificó *los Documentos Federalistas como* "la obra más importante en ciencia política que se haya escrito, o que probablemente se escriba, en los Estados Unidos". El Federalista nº 10, la primera contribución de Madison a *The Federalist Papers*, adquirió un gran prestigio en el siglo XX por su defensa de la democracia representativa. En el Federalista 10, Madison describe los peligros que plantean las facciones y argumenta que sus efectos negativos pueden limitarse mediante la formación de una gran república. Afirma que en las grandes repúblicas la importante suma de facciones que surjan logrará amortiguar los efectos de las demás. En el Federalista nº 51, continúa explicando cómo la separación de poderes entre las tres ramas del gobierno federal, así como entre los gobiernos de los estados y el gobierno federal, estableció un sistema de controles y equilibrios que garantizaba que ninguna institución se hiciera demasiado poderosa.

Al comienzo de la convención en Virginia, Madison sabía que la mayoría de los delegados ya habían tomado una decisión, y centró sus esfuerzos en conseguir el apoyo del número relativamente pequeño de delegados indecisos. Su larga correspondencia con Randolph dio sus frutos en la convención, ya que Randolph anunció que apoyaría la ratificación incondicional de la Constitución, con enmiendas que se propondrían después de la ratificación. Aunque Henry pronunció varios discursos persuasivos en contra de la ratificación, la experiencia de Madison en el tema que había defendido durante mucho tiempo le permitió responder con argumentos racionales a las apelaciones emocionales de Henry. En su último discurso ante la convención ratificadora, Madison imploró a sus compañeros delegados que ratificaran la Constitución tal y como había sido redactada, argumentando que si no lo hacían se derrumbaría todo el esfuerzo de ratificación, ya que cada estado buscaría enmiendas favorables. El 25 de junio de 1788, la convención votó 89-79 para ratificar la Constitución, convirtiendo a Virginia en el décimo estado en hacerlo. Nueva York ratificó la Constitución al mes siguiente y Washington ganó la primera elección presidencial del país.

Diputado y líder del partido (1789-1801)

Elección al Congreso

Después de que Virginia ratificara la Constitución, Madison regresó a Nueva York y reanudó sus funciones en el Congreso de la Confederación. Preocupado tanto por su carrera política como por la posibilidad de que Henry y sus aliados organizaran una segunda convención constitucional, Madison se presentó como candidato a la Cámara de Representantes. A instancias de Henry, la legislatura de Virginia creó distritos congresuales diseñados para negar a Madison un escaño, y Henry reclutó a Monroe, un fuerte contrincante de Madison. Enzarzado en una difícil carrera contra Monroe, Madison prometió apoyar una serie de enmiendas constitucionales para proteger las libertades individuales. En una carta abierta, Madison escribió que, si bien se había opuesto a que se exigieran modificaciones a la Constitución antes de su ratificación, ahora creía que "las enmiendas, si se llevan a cabo con la debida moderación y de la manera adecuada... pueden servir para el doble propósito de satisfacer las mentes de los opositores bien intencionados, y de proporcionar guardias adicionales a favor de la libertad". La promesa de Madison dio sus frutos, ya que en las elecciones del 5º distrito de Virginia obtuvo un escaño en el Congreso con el 57% de los votos.

Madison se convirtió en un asesor clave del presidente Washington, que valoraba los conocimientos de Madison sobre la Constitución. Madison ayudó a Washington a redactar su primer discurso inaugural y también preparó la respuesta oficial de la Cámara al discurso de Washington. Desempeñó un papel importante en la creación y dotación de personal de los tres departamentos del Gabinete, y su influencia contribuyó a que Thomas Jefferson se convirtiera en el Secretario de Estado inaugural. Al comienzo del primer Congreso, presentó un proyecto de ley de aranceles similar al que había defendido bajo los Artículos de la Confederación, y el Congreso estableció un arancel federal sobre las importaciones mediante el Arancel de 1789. Al año siguiente, el Secretario del Tesoro, Hamilton, presentó un ambicioso programa económico que preveía la asunción por parte del gobierno federal de las deudas de los estados y la financiación de esa deuda mediante la emisión de títulos federales. El plan de Hamilton favorecía a los especuladores del Norte y era desventajoso para estados como Virginia, que ya habían pagado la mayor parte de su deuda, y Madison se convirtió en uno de los principales opositores del plan en el Congreso. Tras un prolongado bloqueo legislativo, Madison, Jefferson y Hamilton acordaron el Compromiso de 1790, que preveía la promulgación del plan de asunción de Hamilton mediante la Ley de Financiación de 1790. A cambio, el Congreso aprobó la Ley de Residencia, que estableció el distrito de la capital federal de Washington, D.C., en el río Potomac.

Carta de Derechos

Durante el primer Congreso, Madison tomó la iniciativa de presionar para que se aprobaran varias enmiendas constitucionales en la Carta de Derechos. Sus objetivos principales eran cumplir su promesa de campaña de 1789 y evitar la convocatoria de una segunda convención constitucional, pero también esperaba proteger las libertades individuales frente a las acciones del gobierno federal y las legislaturas estatales. Creía que la enumeración de derechos específicos fijaría esos derechos en la mente del público y animaría a los jueces a protegerlos. Tras estudiar más de doscientas enmiendas que habían sido propuestas en las convenciones estatales de ratificación, Madison presentó la Carta de Derechos el 8 de junio de 1789. Sus enmiendas contenían numerosas restricciones al gobierno federal y protegerían, entre otras cosas, la libertad de religión, la libertad de expresión y el derecho de reunión pacífica. Aunque la mayor parte de sus propuestas de enmienda procedían de las convenciones de ratificación, Madison fue el principal responsable de las propuestas para garantizar la libertad de prensa, proteger la propiedad de la incautación del gobierno y garantizar los juicios con jurado. También propuso una enmienda para impedir que los estados coartaran "la igualdad de derechos de conciencia, o la libertad de prensa, o el juicio con jurado en casos penales".

La Carta de Derechos de Madison se enfrentó a poca oposición; había cooptado en gran medida el objetivo antifederalista de enmendar la Constitución, pero había evitado proponer enmiendas que pudieran alienar a los partidarios de la Constitución. Las enmiendas propuestas por Madison fueron adoptadas en su mayor parte por la Cámara de Representantes, pero el Senado introdujo varios cambios. La propuesta de Madison de aplicar partes de la Carta de Derechos a los estados fue eliminada, al igual que su cambio en el preámbulo de la Constitución. Madison se sintió decepcionado por el hecho de que la Carta de Derechos no incluyera protecciones contra las acciones de los gobiernos estatales, pero la aprobación del documento apaciguó a algunos críticos de la Constitución original y reforzó el apoyo de Madison en Virginia. De las doce enmiendas propuestas formalmente por el Congreso a los estados, diez fueron ratificadas el 15 de diciembre de 1791, pasando a conocerse como la Carta de Derechos.

Fundación del Partido Demócrata-Republicano

Después de 1790, la administración de Washington se polarizó entre dos facciones principales. Una facción, liderada por Jefferson y Madison, representaba ampliamente los intereses del Sur y buscaba relaciones estrechas con Francia. La otra facción, liderada por el Secretario del Tesoro Hamilton, representaba ampliamente los intereses financieros del Norte y favorecía las relaciones estrechas con Gran Bretaña. En 1791, Hamilton presentó un plan que exigía la creación de un banco nacional para conceder préstamos a las industrias emergentes y supervisar la oferta monetaria. Madison y el Partido Demócrata-Republicano lucharon contra el intento de Hamilton de ampliar el poder del Gobierno Federal a expensas de la soberanía de los Estados individuales, oponiéndose a la formación de un banco nacional. Madison utilizó su influencia en el Partido Demócrata-Republicano para oponerse a las propuestas de Hamilton. Madison argumentó que, en virtud de la Constitución, el Congreso no estaba facultado para crear una institución de este tipo. A pesar de la oposición de Madison, el Congreso aprobó un proyecto de ley para crear el Primer Banco de los Estados Unidos. Después de un período de consideración, Washington firmó el proyecto de ley bancaria en febrero de 1791. A medida que Hamilton aplicaba su programa económico y Washington seguía gozando de un inmenso prestigio como presidente, a Madison le preocupaba cada vez más que Hamilton tratara de abolir la república federal en favor de una monarquía centralizada.

Cuando Hamilton presentó su *Informe sobre las Manufacturas*, que pedía una acción federal para estimular el desarrollo de una economía diversificada, Madison volvió a cuestionar la propuesta de Hamilton. Trató de movilizar a la opinión pública formando un partido político basado en la oposición a las políticas de Hamilton.

Junto con Jefferson, Madison ayudó a Philip Freneau a fundar la *Gaceta Nacional*, un periódico de Filadelfia que atacaba las propuestas de Hamilton. En un ensayo publicado en la *Gaceta Nacional* en septiembre de 1792, Madison escribió que el país se había dividido en dos facciones: la suya, que creía en "la doctrina de que la humanidad es capaz de gobernarse a sí misma", y la de Hamilton, que supuestamente buscaba el establecimiento de una monarquía aristocrática y estaba inclinada hacia los ricos. Los que se oponían a las políticas económicas de Hamilton, incluidos muchos antiguos antifederalistas, se unieron en el Partido Demócrata-Republicano, mientras que los que apoyaban las políticas de la administración se unieron en el Partido Federalista. En las elecciones presidenciales de 1782, ambos partidos principales apoyaron a Washington para su reelección, pero los demócratas-republicanos intentaron desbancar al vicepresidente John Adams. Como las reglas de la Constitución impedían esencialmente que Jefferson desafiara a Adams, el partido apoyó al gobernador de Nueva York George Clinton para la vicepresidencia, pero Adams ganó de todos modos.

Con Jefferson fuera del cargo después de 1793, Madison se convirtió en el líder de facto del Partido Demócrata-Republicano. Cuando Gran Bretaña y Francia entraron en guerra en 1793, Estados Unidos quedó atrapado en medio. Si bien las diferencias entre los demócratas-republicanos y los federalistas se habían centrado anteriormente en cuestiones económicas, la política exterior se convirtió en una cuestión cada vez más importante, ya que Madison y Jefferson favorecían a Francia y Hamilton a Gran Bretaña. La guerra con Gran Bretaña se hizo inminente en 1794 después de que los británicos confiscaran cientos de barcos estadounidenses que comerciaban con las colonias francesas. Madison creía que una guerra comercial con Gran Bretaña probablemente tendría éxito y permitiría a los estadounidenses afirmar plenamente su independencia. Las Indias Occidentales británicas, sostenía Madison, no podían vivir sin los productos alimenticios estadounidenses, pero los estadounidenses podían prescindir fácilmente de los fabricantes británicos. Washington aseguró entonces unas relaciones comerciales amistosas con Gran Bretaña mediante el Tratado Jay de 1794. Madison y sus aliados demócratas-republicanos estaban indignados por el tratado; el demócrata-republicano Robert R. Livingston escribió a Madison que el tratado "sacrifica todos los intereses esenciales y postra el honor de nuestro país". La fuerte oposición de Madison al tratado provocó una ruptura permanente con Washington, poniendo fin a su amistad.

La presidencia de Adams

Washington decidió retirarse tras cumplir dos mandatos y, antes de las elecciones presidenciales de 1796, Madison ayudó a convencer a Jefferson para que se presentara a la presidencia. A pesar de los esfuerzos de Madison, el candidato federalista John Adams derrotó a Jefferson, obteniendo una estrecha mayoría del voto electoral. De acuerdo con las reglas del Colegio Electoral vigente en ese momento, Jefferson se convirtió en vicepresidente porque fue el segundo con más votos electorales. Madison, por su parte, declinó presentarse a la reelección y regresó a su casa de Montpelier. Siguiendo el consejo de Jefferson, el presidente Adams consideró la posibilidad de nombrar a Madison como miembro de una delegación estadounidense encargada de poner fin a los ataques franceses a la navegación estadounidense, pero los miembros del gabinete de Adams se opusieron firmemente a la idea. Tras un incidente diplomático entre Francia y Estados Unidos conocido como el asunto XYZ, los dos países se enzarzaron en una guerra naval no declarada conocida como la Cuasi-Guerra.

Aunque ya no estaba en el cargo, Madison siguió siendo un destacado líder demócrata-republicano en la oposición al gobierno de Adams. Durante la Cuasi-Guerra, los federalistas crearon un ejército permanente y aprobaron las Leyes de Extranjería y Sedición, dirigidas contra los refugiados franceses que participaban en la política estadounidense y contra los editores demócratas-republicanos. Madison y Jefferson creían que los federalistas utilizaban la guerra para justificar la violación de los derechos constitucionales, y llegaron a considerar cada vez más a Adams como un monárquico. Tanto Madison como Jefferson, como líderes del partido demócrata-republicano, expresaron la creencia de que los derechos naturales no eran negociables ni siquiera en tiempos de guerra. Madison creía que las leyes de Extranjería y Sedición constituían un peligroso precedente, ya que otorgaban al gobierno el poder de pasar por encima de los derechos naturales de su pueblo en nombre de la seguridad nacional. En respuesta a las Leyes de Extranjería y Sedición, Jefferson redactó las Resoluciones de Kentucky, en las que argumentaba que los estados tenían el poder de anular las leyes federales sobre la base de que la Constitución era un pacto entre los estados. Madison rechazó este punto de vista de la anulación y, en cambio, sus Resoluciones de Virginia instaron a los estados a responder a las leyes federales injustas a través de la interposición, un proceso en el que una legislatura estatal declaraba que una ley era inconstitucional pero no tomaba medidas para impedir activamente su aplicación. La doctrina de Jefferson sobre la anulación fue ampliamente rechazada, y el incidente perjudicó al Partido Demócrata-Republicano, ya que la atención se desplazó de las Leyes de Extranjería y Sedición a la impopular doctrina de la anulación.

En 1799, Madison ganó la elección a la legislatura de Virginia. Al mismo tiempo, él y Jefferson planificaron la campaña de éste en las elecciones presidenciales de 1800. Madison publicó el Informe de 1800, que atacaba las Leyes de Extranjería y Sedición por considerarlas inconstitucionales. El Informe de 1800 sostenía que el Congreso se limitaba a legislar sobre sus poderes enumerados y que el castigo por sedición violaba la libertad de expresión y la libertad de prensa. Jefferson aceptó el informe y se convirtió en la plataforma no oficial de los demócratas y republicanos para las elecciones de 1800. Con los federalistas muy divididos entre los partidarios de Hamilton y los de Adams, y con la noticia del fin de la cuasi-guerra que no llegó a Estados Unidos hasta después de las elecciones, Jefferson y su ostensible compañero de fórmula, Aaron Burr, derrotaron a Adams. Como Jefferson y Burr empataron en la votación electoral, la Cámara de Representantes, controlada por los federalistas, celebró una elección contingente para elegir entre los dos candidatos. Después de que la Cámara realizara decenas de votaciones no concluyentes, Hamilton, que despreciaba a Burr aún más que a

Jefferson, convenció a varios congresistas federalistas para que votaran en blanco, dando la victoria a Jefferson.

Vida personal

Con una estatura de sólo cinco pies y cuatro pulgadas (163 cm), y sin pesar más de 100 libras (45 kg), Madison se convirtió en el presidente más diminuto. Era pequeño de estatura, tenía ojos azules brillantes, un comportamiento fuerte y era conocido por su humor en pequeñas reuniones. Madison sufría de graves enfermedades, nerviosismo y a menudo estaba agotado tras periodos de estrés. A menudo temía lo peor y era hipocondríaco. Sin embargo, Madison gozaba de buena salud y vivió una larga vida, sin los males comunes de su época.

El 15 de septiembre de 1794, Madison se casó con Dolley Payne Todd, una viuda de 26 años de John Todd, un granjero cuáquero que murió durante una epidemia de fiebre amarilla en Filadelfia. Aaron Burr le presentó a Madison, a petición suya, después de que Dolley se alojara en la misma pensión que Burr en Filadelfia. Tras un encuentro concertado a principios de 1794, ambos se comprometieron rápidamente y se prepararon para una boda ese verano, pero Dolley sufrió enfermedades recurrentes debido a su exposición a la fiebre amarilla en Filadelfia. Finalmente viajaron a Harewood, en Virginia, para celebrar su boda. Sólo asistieron unos pocos familiares cercanos, y el reverendo de Winchester, Alexander Balmain, los declaró pareja casada. Madison, una persona introspectiva, disfrutó de una fuerte relación con su esposa Dolley y confió profundamente en su mujer para que le ayudara a lidiar con las presiones sociales que se derivaban de la política de la época. Se convirtió en una figura de renombre en Washington, D.C., y destacó como anfitriona de cenas y otras ocasiones políticas importantes. Dolley contribuyó a establecer la imagen moderna de la primera dama de Estados Unidos como una persona que asume un papel en los asuntos sociales de la nación.

Madison nunca tuvo hijos, pero adoptó al único hijo supeviviente de Dolley, John Payne Todd (conocido como Payne), después del matrimonio. Algunos de sus colegas, como Monroe y Burr, alegaron que Madison era infértil y que su falta de descendencia pesaba en sus pensamientos, pero Madison nunca habló de ninguna angustia al respecto. No obstante, su fertilidad se ha puesto en duda en los últimos años, a raíz de un popular artículo de *The Washington Post* en 2007, en el que una afroamericana llamada Bettye Kearse afirmaba ser descendiente de Madison y de una esclava llamada Coreen.

A lo largo de su vida, mantuvo una estrecha relación con su padre James padre, que murió en 1801. A los 50 años, Madison heredó la gran plantación de Montpelier y otras posesiones, incluidos los numerosos esclavos de su padre. Tenía tres hermanos, Francis, Ambrose y William, y tres hermanas, Nelly, Sarah y Frances, que llegaron a la edad adulta. Ambrose ayudó a administrar Montpelier tanto a su padre como a su hermano mayor hasta su muerte en 1793.

Secretario de Estado (1801-1809)

A pesar de carecer de experiencia en política exterior, Madison fue nombrado secretario de Estado por Jefferson. Junto con el secretario del Tesoro, Albert Gallatin, Madison se convirtió en una de las dos principales influencias del gabinete de Jefferson. Como el ascenso de Napoleón en Francia había apagado el entusiasmo demócrata-republicano por la causa francesa, Madison buscó una posición neutral en las actuales Guerras de Coalición entre Francia y Gran Bretaña. En el ámbito nacional, el gobierno de Jefferson y el Congreso demócrata-republicano hicieron retroceder muchas políticas federalistas; el Congreso derogó rápidamente la Ley de Extranjería y Sedición, abolió los impuestos internos y redujo el tamaño del ejército y la armada. Sin embargo, Gallatin convenció a Jefferson para que mantuviera el Primer Banco de los Estados Unidos. Aunque los federalistas se estaban desvaneciendo rápidamente a nivel nacional, el presidente del Tribunal Supremo, John Marshall, se aseguró de que la ideología federalista siguiera teniendo una presencia importante en el poder judicial. En el caso de *Marbury contra Madison*, Marshall dictaminó simultáneamente que Madison se había negado injustamente a entregar comisiones federales a personas que habían sido nombradas para cargos federales por el presidente Adams, pero que aún no habían tomado posesión, pero que el Tribunal Supremo no tenía jurisdicción sobre el caso. Lo más importante es que la opinión de Marshall estableció el principio de la revisión judicial.

Cuando Jefferson asumió la presidencia, los estadounidenses se habían asentado hasta el oeste del río Misisipi, aunque vastas zonas de tierra americana permanecían vacías o habitadas sólo por nativos americanos. Jefferson creía que la expansión hacia el oeste desempeñaba un papel importante en la promoción de su visión de una república de campesinos, y esperaba adquirir el territorio español de Luisiana, situado al oeste del río Misisipi. A principios de la presidencia de Jefferson, la administración se enteró de que España planeaba retroceder el territorio de Luisiana a Francia, lo que hizo temer la invasión francesa del territorio estadounidense. En 1802, Jefferson y Madison enviaron a Monroe a Francia para negociar la compra de Nueva Orleans, que controlaba el acceso al río Misisipi y, por tanto, era inmensamente importante para los agricultores de la frontera estadounidense. En lugar de vender simplemente Nueva Orleans, el gobierno de Napoleón, que ya había renunciado a sus planes de establecer un nuevo imperio francés en América, ofreció vender todo el territorio de Luisiana. A pesar de no contar con la autorización explícita de Jefferson, Monroe, junto con el embajador Livingston, negoció la Compra de Luisiana, en la que Francia vendió más de 800.000 millas cuadradas (2.100.000 kilómetros cuadrados) de tierra a cambio de 15 millones de dólares (271 millones de dólares ajustados a la inflación de 2021).

A pesar de que las negociaciones con los franceses eran urgentes, a Jefferson le preocupaba la constitucionalidad de la Compra de Luisiana y, en privado, estaba a favor de introducir una enmienda constitucional que autorizara explícitamente al Congreso a adquirir nuevos territorios. Madison convenció a Jefferson de que se abstuviera de proponer la enmienda, y la administración acabó presentando la Compra de Luisiana sin una enmienda constitucional que la acompañara. A diferencia de Jefferson, Madison no estaba seriamente preocupado por la constitucionalidad de la Compra de Luisiana. Creía que las circunstancias no justificaban una interpretación estricta de la Constitución porque la expansión era en el mejor interés del país. El Senado no tardó en ratificar el tratado que establecía la compra, y la Cámara de Representantes, con la misma celeridad, aprobó la legislación correspondiente. El gobierno de Jefferson argumentó que la compra había incluido el territorio español de Florida Occidental, pero tanto Francia como

España sostuvieron que Florida Occidental no estaba incluida en la compra. Monroe intentó comprar a España el título de propiedad de Florida Occidental y Florida Oriental, pero los españoles, indignados por las reclamaciones de Jefferson sobre Florida Occidental, se negaron a negociar.

Al principio de su mandato, Jefferson pudo mantener relaciones cordiales tanto con Francia como con Gran Bretaña, pero las relaciones con Gran Bretaña se deterioraron después de 1805. Los británicos pusieron fin a su política de tolerancia hacia el transporte marítimo estadounidense y comenzaron a confiscar las mercancías americanas que se dirigían a los puertos franceses. También impresionaron a los marineros estadounidenses, algunos de los cuales habían desertado originalmente de la armada británica y otros nunca habían sido súbditos británicos. En respuesta a los ataques, el Congreso aprobó la Ley de No Importación, que restringía muchas, pero no todas, las importaciones británicas. Las tensiones con Gran Bretaña aumentaron debido al *asunto Chesapeake-Leopard*, un enfrentamiento naval en junio de 1807 entre las fuerzas navales estadounidenses y británicas, mientras que los franceses también empezaron a atacar los barcos estadounidenses. Madison creía que la presión económica podría obligar a los británicos a poner fin a los ataques a la navegación estadounidense, y él y Jefferson convencieron al Congreso para que aprobara la Ley de Embargo de 1807, que prohibía todas las exportaciones a naciones extranjeras. El embargo resultó ineficaz, impopular y difícil de aplicar, especialmente en Nueva Inglaterra. En marzo de 1809, el Congreso sustituyó el embargo por la Ley de No Intervención, que permitía el comercio con naciones distintas de Gran Bretaña y Francia.

Elección presidencial de 1808

Las especulaciones sobre la posible sucesión de Jefferson por parte de Madison comenzaron a principios del primer mandato de Jefferson. El estatus de Madison en el partido se vio perjudicado por su asociación con el embargo, que fue impopular en todo el país y especialmente en el noreste. Con el colapso de los federalistas como partido nacional después de 1800, la principal oposición a la candidatura de Madison provino de otros miembros del Partido Demócrata-Republicano. Madison se convirtió en el blanco de los ataques del congresista John Randolph, líder de una facción del partido conocida como el tertium quids.

Randolph reclutó a Monroe, que se había sentido traicionado por el rechazo de la administración a la propuesta de Tratado Monroe-Pinkney con Gran Bretaña, para que desafiara a Madison por el liderazgo del partido. Muchos norteños, por su parte, esperaban que el vicepresidente Clinton pudiera desbancar a Madison como sucesor de Jefferson. A pesar de esta oposición, Madison ganó la nominación presidencial de su partido en el caucus de nominación del Congreso de enero de 1808. El Partido Federalista tenía poca fuerza fuera de Nueva Inglaterra, y Madison derrotó fácilmente al candidato federalista Charles Cotesworth Pinckney.

Presidencia (1809-1817)

Toma de posesión del cargo y del gabinete

El 4 de marzo de 1809, Madison juró el cargo y fue investido presidente. A diferencia de Jefferson, que gozaba de unidad y apoyo político, Madison se enfrentó a la oposición política de Monroe y Clinton. Además, el Partido Federalista había resurgido debido a la oposición al embargo. Aparte de su planeado nombramiento de Gallatin como secretario de Estado, el resto de los miembros del Gabinete de Madison fueron elegidos por motivos de interés nacional y armonía política, y según los historiadores Ketcham y Rutland eran en su mayoría poco notables o incompetentes. Madison se enfrentó inmediatamente a la oposición a su planeado nombramiento del secretario del Tesoro Gallatin como secretario de Estado. Madison optó por no someter el nombramiento al consejo y consentimiento del Congreso, sino que mantuvo a Gallatin en el Departamento del Tesoro.

Con el nombramiento de Gallatin ahora discutible al mantenerlo como secretario del Tesoro, Madison se conformó con Robert Smith, el hermano del senador de Maryland Samuel Smith, para ser el secretario de Estado. Durante los dos años siguientes, Madison desempeñó la mayor parte del trabajo de secretario de Estado debido a la incompetencia de Smith. Tras agrias disputas partidistas, Madison finalmente sustituyó a Smith por Monroe en abril de 1811. Con un Gabinete lleno de personas de las que desconfiaba, Madison rara vez convocaba reuniones del Gabinete y, en cambio, consultaba frecuentemente con Gallatin a solas. Al principio de su presidencia, Madison trató de continuar con las políticas de Jefferson de bajos impuestos y reducción de la deuda nacional. En 1811, el Congreso permitió que la carta del Primer Banco de los Estados Unidos caducara después de que Madison se negara a adoptar una postura firme sobre el tema.

Guerra de 1812

Preludio a la guerra

El Congreso había revocado el embargo poco antes de que Madison llegara a la presidencia, pero los problemas con los británicos y los franceses continuaban. Madison optó por una nueva estrategia destinada a enfrentar a británicos y franceses, ofreciéndoles comerciar con el país que pusiera fin a sus ataques contra la navegación estadounidense. La táctica casi tuvo éxito, pero las negociaciones con los británicos fracasaron a mediados de 1809. Buscando dividir a estadounidenses y británicos, Napoleón ofreció poner fin a los ataques franceses a la navegación estadounidense siempre que Estados Unidos castigara a los países que no pusieran fin a las restricciones comerciales. Madison aceptó la propuesta de Napoleón con la esperanza de que convenciera a los británicos de poner fin a su política de guerra comercial, pero los británicos se negaron a cambiar su política, y los franceses incumplieron su promesa y siguieron atacando la navegación estadounidense.

Al fracasar las sanciones y otras políticas, Madison determinó que la guerra con Gran Bretaña era la única opción que quedaba. Muchos estadounidenses pidieron una "segunda guerra de independencia" para restaurar el honor y la estatura de la nueva nación, y un público enojado eligió un Congreso de "halcones de la guerra", dirigido por Henry Clay y John C. Calhoun. Con Gran Bretaña en medio de las guerras napoleónicas, muchos estadounidenses, incluido Madison, creían que Estados Unidos podría capturar fácilmente Canadá, momento en el que podría utilizarlo como moneda de cambio para el resto de disputas o simplemente mantener su control. El 1 de junio de 1812, Madison solicitó al Congreso una declaración de guerra, afirmando que los Estados Unidos no podían seguir tolerando el "estado de guerra contra los Estados Unidos" por parte de Gran Bretaña. La declaración de guerra fue aprobada siguiendo líneas seccionales y partidistas, con la oposición a la declaración por parte de los federalistas y de algunos demócratas-republicanos del noreste. En los años anteriores a la guerra, Jefferson y Madison habían reducido el tamaño del ejército, dejando al país con una fuerza militar compuesta en su mayoría por milicianos mal entrenados. Madison pidió al Congreso que pusiera rápidamente al país "en una armadura y una actitud exigidas por la crisis", recomendando específicamente la expansión del ejército y la marina.

Acción militar

Madison y sus asesores creyeron inicialmente que la guerra sería una rápida victoria americana. Con una confianza equivocada, Madison ordenó una invasión de Canadá en tres frentes, empezando por Detroit, diseñada para derrotar el control británico alrededor del Fuerte Niágara, en poder de los estadounidenses, y destruir las líneas de suministro británicas desde Montreal. Estas acciones servirían para obtener concesiones británicas en alta mar en el Atlántico. Sin embargo, sin un ejército estadounidense permanente, Madison creía que las milicias estatales se unirían a la bandera e invadirían Canadá. Los gobernadores estadounidenses del noreste no cooperaron, y las milicias se mantuvieron al margen de la guerra o se negaron a abandonar sus respectivos estados. Como resultado, la primera campaña canadiense de Madison acabó en fracaso. El ejército británico estaba más organizado, utilizaba soldados profesionales y se alió con Tecumseh. El 16 de agosto, el general de división William Hull, temiendo tímidamente un ataque indio, se rindió rápidamente a las fuerzas británicas y de los nativos americanos en Detroit. El 13 de octubre, una fuerza separada de los Estados Unidos fue derrotada en Queenton Heights. El general al mando Henry Dearborn, obstaculizado por la infantería amotinada de Nueva Inglaterra, se retiró a los cuarteles de invierno cerca de Albany, después de no poder destruir las vulnerables líneas de suministro británicas de Montreal. Al carecer de ingresos suficientes para financiar la guerra, la administración de Madison se vio obligada a recurrir a préstamos con altos intereses proporcionados por banqueros con sede en Nueva York y Filadelfia.

En el período previo a las elecciones presidenciales de 1812, celebradas durante las primeras etapas de la Guerra de 1812, el grupo demócrata-republicano del Congreso de 1812, con escasa asistencia, se reunió en mayo de 1812, y Madison fue nominado de nuevo sin oposición. Un grupo disidente de demócratas-republicanos de Nueva York nominó a DeWitt Clinton, vicegobernador de Nueva York y sobrino del recientemente fallecido vicepresidente George Clinton, para oponerse a Madison en las elecciones de 1812. Esta facción de demócratas-republicanos esperaba desbancar al presidente forjando una coalición entre los republicanos que se oponían a la guerra que se avecinaba, los demócratas-republicanos enfadados con Madison por no avanzar con más decisión hacia la guerra, los norteños cansados de la dinastía de Virginia y del control sureño de la Casa Blanca, y los descontentos de Nueva Inglaterra que querían a casi cualquiera en lugar de Madison. Consternados por sus perspectivas de vencer a Madison, un grupo de los principales federalistas se reunió con los partidarios de Clinton para discutir una estrategia de unificación. A pesar de lo difícil que era para ellos unir fuerzas, nominaron a Clinton para presidente y a Jared Ingersoll, un abogado de Filadelfia, para vicepresidente. Con la esperanza de apuntalar su apoyo en el noreste, donde la Guerra de 1812 era impopular, Madison seleccionó al gobernador Elbridge Gerry de Massachusetts como su compañero de fórmula. A pesar de las maniobras de Clinton y los federalistas, Madison ganó la reelección, aunque por el margen más estrecho de todas las elecciones desde las de 1800. Recibió 128 votos electorales frente a los 89 de Clinton. Los federalistas ganaron en la mayoría de los estados fuera del Sur, pero el apoyo de Pensilvania a Madison hizo que el presidente obtuviera la mayoría de los votos electorales. Clinton ganó la mayor parte del noreste, pero Madison se impuso en las elecciones al arrasar en el sur y el oeste y ganar el estado clave de Pensilvania.

Tras el desastroso comienzo de la Guerra de 1812, Madison aceptó la invitación de Rusia para arbitrar la guerra, y envió una delegación encabezada por Gallatin y John Quincy Adams (el hijo del ex presidente John Adams) a Europa para negociar un tratado de paz. Mientras Madison trabajaba para poner fin a la guerra, Estados Unidos experimentó algunos éxitos navales impresionantes, que elevaron la moral estadounidense, por el USS *Constitution* y otros buques de guerra. Con una victoria en la Batalla del Lago Erie, Estados Unidos paralizó el suministro y el refuerzo de las fuerzas militares británicas en el teatro occidental de la guerra. Tras la batalla del lago Erie, el general William Henry Harrison derrotó a las fuerzas de los británicos y de la Confederación de Tecumseh en la batalla del Támesis. La muerte de Tecumseh en esa batalla marcó el fin permanente de la resistencia armada de los nativos americanos en el Viejo Noroeste y de cualquier esperanza de una nación india unida. En marzo de 1814, el general Andrew Jackson acabó con la resistencia de los muscogee aliados de los británicos en el Viejo Suroeste con su victoria en la batalla de Horseshoe Bend. A pesar de estos éxitos, los británicos siguieron rechazando los intentos estadounidenses de invadir Canadá, y una fuerza británica capturó Fort Niagara e incendió la ciudad estadounidense de Buffalo a finales de 1813.

En agosto de 1814, los británicos desembarcaron una gran fuerza en la bahía de Chesapeake y derrotaron al ejército de Winder en la batalla de Bladensburg. Los Madison escaparon de la captura, huyendo a Virginia a caballo, tras la batalla, pero los británicos quemaron Washington y otros edificios. Los restos carbonizados de la capital por los británicos fueron una derrota humillante para Madison y América. A continuación, el ejército británico se dirigió a Baltimore, pero Estados Unidos repelió el ataque británico en la Batalla de Baltimore, y el ejército británico se retiró de la región de Chesapeake en septiembre. Ese mismo mes, las fuerzas estadounidenses rechazaron una invasión británica desde Canadá con una victoria en la batalla de Plattsburgh. La opinión pública británica comenzó a volverse en contra de la guerra en Norteamérica, y los líderes británicos empezaron a buscar una salida rápida del conflicto.

En enero de 1815, una fuerza estadounidense al mando del general Jackson derrotó a los británicos en la batalla de Nueva Orleans. Poco más de un mes después, Madison se enteró de que sus negociadores habían alcanzado el Tratado de Gante, que ponía fin a la guerra sin grandes concesiones por parte de ninguno de los dos bandos. Madison envió rápidamente el Tratado de Gante al Senado, que lo ratificó el 16 de febrero de 1815. Aunque el resultado de la guerra no fue concluyente, para la mayoría de los estadounidenses, la rápida sucesión de acontecimientos al final de la guerra, incluyendo el incendio de la capital, la batalla de Nueva Orleans y el Tratado de Gante, parecía como si el valor estadounidense en Nueva Orleans hubiera obligado a los británicos a rendirse. Esta visión, aunque inexacta, contribuyó en gran medida a un sentimiento de euforia de posguerra que reforzó la reputación de Madison como presidente. El pueblo indio fue el que más perdió, incluidas sus tierras y su independencia. La derrota de Napoleón en la batalla de Waterloo, en junio de 1815, puso fin a las guerras napoleónicas, acabando con el peligro de ataques a la navegación americana por parte de las fuerzas británicas y francesas.

Posguerra y declive de la oposición federalista

El periodo de posguerra del segundo mandato de Madison supuso la transición a la "Era de los buenos sentimientos", ya que los federalistas dejaron de actuar como un partido de oposición eficaz. Durante la guerra, los delegados de los estados de Nueva Inglaterra celebraron la Convención de Hartford, donde pidieron varias enmiendas a la Constitución. Aunque la Convención de Hartford no pidió explícitamente la secesión de Nueva Inglaterra, la Convención de Hartford se convirtió en una piedra de molino política en torno al Partido Federalista mientras los estadounidenses celebraban lo que consideraban una exitosa "segunda guerra de independencia" de Gran Bretaña. Madison aceleró el declive de los federalistas al adoptar varios programas a los que se había opuesto anteriormente, lo que debilitó las divisiones ideológicas entre los dos grandes partidos.

Reconociendo las dificultades de financiación de la guerra y la necesidad de una institución que regulara la moneda, Madison propuso el restablecimiento de un banco nacional. También pidió que se aumentara el gasto en el ejército y la marina, un arancel destinado a proteger los productos estadounidenses de la competencia extranjera y una enmienda constitucional que autorizara al gobierno federal a financiar la construcción de mejoras internas, como carreteras y canales. Sus iniciativas contaron con la oposición de construccionistas estrictos como John Randolph, quien afirmó que las propuestas de Madison "superaban a Alexander Hamilton". En respuesta a las propuestas de Madison, el XIV Congreso compiló uno de los registros legislativos más productivos hasta ese momento de la historia. El Congreso concedió al Segundo Banco de los Estados Unidos una carta de veinticinco años y aprobó el Arancel de 1816, que establecía elevados derechos de importación para todos los bienes que se producían fuera de los Estados Unidos. Madison aprobó el gasto federal en la carretera de Cumberland, que servía de enlace con las tierras occidentales del país, pero en su último acto antes de dejar el cargo, bloqueó más gasto federal en mejoras internas al vetar la Ley de Bonificación de 1817. Al vetar, Madison argumentó que la Cláusula de Bienestar General no autorizaba ampliamente el gasto federal en mejoras internas.

Política de los nativos americanos

Al llegar a la presidencia, Madison dijo que el deber del gobierno federal era convertir a los nativos americanos mediante la "participación de las mejoras de las que son susceptibles la mente y los modales humanos en un estado civilizado". El 30 de septiembre de 1809, a poco más de seis meses de su primer mandato, Madison aceptó el Tratado de Fort Wayne, negociado y firmado por el gobernador del territorio de Indiana, Harrison. El tratado comenzaba con "James Madison, Presidente de los Estados Unidos", en la primera frase del primer párrafo. Las tribus indígenas americanas recibieron una compensación de 5.200 dólares (109.121,79 dólares para el año 2020) en bienes y 500 dólares y 250 dólares de subsidio anual a las distintas tribus, por 3 millones de acres de tierra (aproximadamente 12.140 kilómetros cuadrados). El tratado enfureció al líder shawnee Tecumseh, que dijo: "¡Vender un país! ¿Por qué no vender el aire, las nubes y el gran mar, además de la tierra?". Harrison respondió que la tribu de Miami era la dueña de la tierra y podía venderla a quien quisiera.

Al igual que Jefferson, Madison tenía una actitud paternalista hacia los indios americanos, animando a los hombres a abandonar la caza y convertirse en agricultores. Madison creía que la adopción de la agricultura de estilo europeo ayudaría a los nativos americanos a asimilar los valores de la civilización británica-estadounidense. A medida que los pioneros y los colonos se adentraban en el oeste en grandes extensiones de territorio cherokee, choctaw, creek y chickasaw, Madison ordenó al ejército estadounidense que protegiera las tierras de los nativos de la intrusión de los colonos, para disgusto de su comandante militar Andrew Jackson, que quería que Madison ignorara las súplicas de los indios para detener la invasión de sus tierras. Las tensiones entre Estados Unidos y Tecumseh aumentaron a raíz del Tratado de Fort Wayne de 1809, que finalmente condujo a la alianza de Tecumseh con los británicos y a la batalla de Tippecanoe, el 7 de noviembre de 1811, en el Territorio del Noroeste. Tecumseh fue derrotado y los indios fueron expulsados de sus tierras tribales, sustituidos totalmente por colonos blancos. Además de la Batalla del Támesis y la Batalla de Horseshoe Bend, tuvieron lugar otras batallas contra los indios americanos, como la Guerra de Peoria y la Guerra Creek. Resuelta por el general Jackson, la Guerra Creek añadió a Estados Unidos 20 millones de acres de tierra (aproximadamente 80.937 kilómetros cuadrados) en Georgia y Alabama, mediante el Tratado de Fort Jackson del 9 de agosto de 1814.

En privado, Madison no creía que los indios americanos pudieran ser civilizados. Madison creía que los nativos americanos podían no estar dispuestos a hacer "la transición del estado de cazador, o incluso de pastor, a la agricultura". Madison temía que los nativos americanos tuvieran una influencia demasiado grande en los colonos con los que se relacionaban, quienes, en su opinión, se sentían "irresistiblemente atraídos por esa completa libertad, esa ausencia de ataduras, obligaciones y deberes, esa ausencia de cuidados y ansiedad que caracterizan al estado salvaje". En marzo de 1816, el Secretario de Guerra de Madison, William Crawford, abogó por que el gobierno fomentara los matrimonios mixtos entre nativos americanos y blancos como forma de asimilar a los primeros. Esto provocó la indignación de la opinión pública y exacerbó el fanatismo antiindígena entre los estadounidenses blancos, como se aprecia en las cartas hostiles enviadas a Madison, que guardó silencio públicamente sobre la cuestión.

Elecciones de 1816

En las elecciones presidenciales de 1816, Madison y Jefferson favorecieron la candidatura del Secretario de Estado James Monroe y éste derrotó al Secretario de Guerra William H. Crawford en el caucus de nominación del partido en el Congreso. Mientras el Partido Federalista seguía colapsando como partido nacional, Monroe derrotó fácilmente al candidato federalista Rufus King en las elecciones de 1816. Madison dejó el cargo como un presidente popular; el ex presidente Adams escribió que Madison había "adquirido más gloria y establecido más unión que sus tres predecesores, Washington, Adams y Jefferson, juntos".

Post-presidencia (1817-1836)

Cuando Madison dejó su cargo en 1817, a la edad de 65 años, se retiró a Montpelier, su plantación de tabaco en el condado de Orange, Virginia, no muy lejos del Monticello de Jefferson. Al igual que Washington y Jefferson, Madison dejó la presidencia como un hombre más pobre que cuando fue elegido. Su plantación experimentó un constante colapso financiero, debido a la continua caída de los precios del tabaco y también a la mala gestión de su hijastro.

En su retiro, Madison se involucró ocasionalmente en asuntos públicos, asesorando a Andrew Jackson y a otros presidentes. Se mantuvo al margen del debate público sobre el Compromiso de Missouri, aunque en privado se quejó de la oposición del Norte a la extensión de la esclavitud. Madison mantuvo relaciones cordiales con los cuatro principales candidatos a las elecciones presidenciales de 1824, pero, al igual que Jefferson, se mantuvo en gran medida al margen de la contienda. Durante la presidencia de Jackson, Madison repudió públicamente el movimiento de nulificación y sostuvo que ningún estado tenía derecho a la secesión. Madison también ayudó a Jefferson a crear la Universidad de Virginia. En 1826, tras la muerte de Jefferson, Madison fue nombrado segundo rector de la universidad. Mantuvo el cargo de rector de la universidad durante diez años, hasta su muerte en 1836.

En 1829, a la edad de 78 años, Madison fue elegido como representante en la Convención Constitucional de Virginia para la revisión de la constitución de la mancomunidad. Fue su última aparición como estadista. El reparto fue el tema central de la convención. Los distritos occidentales de Virginia se quejaban de que estaban infrarrepresentados porque la constitución del estado repartía los distritos electorales por condados. El aumento de la población en el Piamonte y en las partes occidentales del estado no estaba proporcionalmente representado por delegados en la legislatura. Los reformistas del oeste también querían extender el sufragio a todos los hombres blancos, en lugar del requisito de propiedad que prevalecía. Madison intentó en vano llegar a un compromiso. Finalmente, los derechos de sufragio se extendieron tanto a los arrendatarios como a los terratenientes, pero los plantadores del este se negaron a adoptar el reparto de la población ciudadana. Añadieron los esclavos en propiedad al recuento de la población, para mantener una mayoría permanente en ambas cámaras de la legislatura, argumentando que debía haber un equilibrio entre la población y la propiedad representada. Madison se sintió decepcionado por la incapacidad de los virginianos para resolver la cuestión de forma más equitativa.

En sus últimos años, Madison se preocupó mucho por su legado histórico. Recurrió a modificar las cartas y otros documentos que tenía en su poder, cambiando días y fechas, añadiendo y suprimiendo palabras y frases, y cambiando caracteres. Cuando llegó a los setenta años, la autoedición de Madison de sus propias cartas archivadas y materiales más antiguos se había convertido casi en una obsesión. Como ejemplo, editó una carta escrita a Jefferson en la que criticaba a Gilbert du Motier, marqués de Lafayette: Madison no sólo tintó pasajes originales, sino que incluso falsificó la letra de Jefferson. El historiador Drew R. McCoy escribió que "durante los últimos seis años de su vida, en medio de un mar de problemas personales [financieros] que amenazaban con hundirlo... A veces la agitación mental desembocaba en un colapso físico. Durante la mayor parte de un año, en 1831 y 1832, estuvo postrado en la cama, si no silenciado... Literalmente enfermo de ansiedad, empezó a desesperar de su capacidad para hacerse entender por sus conciudadanos".

Muerte

La salud de Madison se fue deteriorando poco a poco. En una coincidencia, la fecha del calendario del 4 de julio fue el día del año en que los anteriores presidentes Jefferson, Adams y Monroe habían muerto. En su última semana, sus médicos le aconsejaron a Madison que tomara estimulantes que pudieran prolongar su vida hasta el 4 de julio de 1836. Sin embargo, Madison se negó. Murió de insuficiencia cardíaca congestiva en Montpelier la mañana del 28 de junio de 1836, a la edad de 85 años. Según un relato común de sus últimos momentos, le dieron su desayuno, que intentó comer pero no pudo tragar. Su sobrina favorita, que se sentaba a su lado para hacerle compañía, le preguntó: "¿Qué te pasa, tío James?". Madison murió inmediatamente después de responder: "Nada más que un cambio de *opinión*, querida". Está enterrado en el cementerio familiar de Montpelier. Fue uno de los últimos miembros destacados de la generación de la Guerra de la Independencia en morir. Su última voluntad y testamento dejó importantes sumas a la Sociedad Americana de Colonización, a Princeton y a la Universidad de Virginia, así como 30.000 dólares (897 mil dólares corregidos por la inflación en 2021) a su esposa, Dolley. Al quedarse con una suma menor de la que Madison había previsto, Dolley sufrió problemas financieros hasta su muerte en 1849.

Opiniones políticas y religiosas

Federalismo

Durante su primera etapa en el Congreso, en la década de 1780, Madison se mostró partidario de enmendar los Artículos de la Confederación para establecer un gobierno central más fuerte. En la década de 1790, lideró la oposición a las políticas centralizadoras de Hamilton y a las Leyes de Extranjería y Sedición. Según el historiador Ron Chernow, el apoyo de Madison a las Resoluciones de Virginia y Kentucky en la década de 1790 "fue una evolución impresionante para un hombre que había defendido en la Convención Constitucional que el gobierno federal debía tener derecho de veto sobre las leyes estatales". El historiador Gordon S. Wood afirma que Lance Banning, en su obra *Sacred Fire of Liberty* (1995), es el "único erudito actual que sostiene que Madison no cambió sus opiniones en la década de 1790". Durante y después de la Guerra de 1812, Madison llegó a apoyar varias políticas a las que se había opuesto en la década de 1790, como el banco nacional, una marina fuerte y los impuestos directos.

Wood señala que muchos historiadores se esfuerzan por entender a Madison, pero Wood lo examina en los términos de la propia época de Madison: como nacionalista, pero con una concepción del nacionalismo diferente a la de los federalistas. Gary Rosen utiliza otros enfoques para sugerir la coherencia de Madison.

Religión

Aunque fue bautizado como anglicano y educado por clérigos presbiterianos, el joven Madison era un ávido lector de tratados deistas ingleses. De adulto, Madison prestó poca atención a las cuestiones religiosas. Aunque la mayoría de los historiadores han encontrado pocos indicios de sus inclinaciones religiosas tras dejar la universidad, algunos estudiosos indican que se inclinó por el deísmo. Otros sostienen que Madison aceptó los principios cristianos y formó su perspectiva de la vida con una visión cristiana del mundo.

Independientemente de sus propias creencias religiosas, Madison creía en la libertad de culto, y abogó por el desestablecimiento de la Iglesia Anglicana en Virginia a lo largo de las décadas de 1770 y 1780. También se opuso a los nombramientos de capellanes para el Congreso y las fuerzas armadas, argumentando que los nombramientos producen exclusión religiosa así como desarmonía política. En 1819, Madison dijo: "El número, la industria y la moralidad del sacerdocio y la devoción del pueblo han aumentado manifiestamente con la separación total de la Iglesia del Estado".

Esclavitud

Madison creció en una plantación que utilizaba mano de obra esclava y consideraba la esclavitud como una parte necesaria de la economía sureña, aunque le preocupaba la inestabilidad de una sociedad que dependía de una gran población esclava. Aunque Madison había apoyado una forma de gobierno republicana, creía que la esclavitud había hecho que el Sur se volviera aristocrático. Madison creía que los esclavos eran propiedad humana, mientras que se oponía a la esclavitud intelectualmente.

Madison se opuso inicialmente a la prohibición de 20 años para acabar con el comercio internacional de esclavos. Sin embargo, acabó aceptándola como un compromiso necesario para que el Sur ratificara la Constitución. También propuso que el reparto en la Cámara de Representantes se hiciera en función de la suma de la población libre y la población esclava de cada estado, lo que finalmente condujo a la adopción del Compromiso de las Tres Quintas Partes. Madison apoyó la extensión de la esclavitud al Oeste durante la crisis de Missouri de 1819-1821. Madison creía que era poco probable que los antiguos esclavos se integraran con éxito en la sociedad sureña y, a finales de la década de 1780, se interesó por la idea de que los afroamericanos establecieran colonias en África. Madison fue presidente de la Sociedad Americana de Colonización, que fundó el asentamiento de Liberia para antiguos esclavos.

La historiadora Elizabeth Dowling Taylor se refirió a Madison como un "esclavista de jardín". Madison evitó la crueldad excesiva con los esclavos para evitar las críticas de sus compañeros y para frenar las revueltas de los esclavos. Madison hacía trabajar a sus esclavos desde el amanecer hasta el anochecer, seis días a la semana, teniendo los domingos libres para descansar. En 1801, la población de esclavos de Madison en Montpelier superaba ligeramente el centenar. Durante las décadas de 1820 y 1830, Madison se vio obligado por las deudas a vender tierras y esclavos. En 1836, en el momento de la muerte de Madison, poseía 36 esclavos sujetos a impuestos. Madison no liberó a ninguno de sus esclavos ni en vida ni en su testamento.

Legado

Madison está ampliamente considerado como uno de los más importantes Padres Fundadores de los Estados Unidos. El historiador J. C. A. Stagg escribe que "en cierto modo -porque estuvo en el bando ganador de todos los asuntos importantes a los que se enfrentó la joven nación desde 1776 hasta 1816- Madison fue el más exitoso y posiblemente el más influyente de todos los Padres Fundadores". Aunque ayudó a fundar un importante partido político y fue el cuarto presidente, su legado se ha definido en gran medida por sus contribuciones a la Constitución; incluso en su propia vida fue aclamado como el "Padre de la Constitución". El profesor de Derecho Noah Feldman escribe que Madison "inventó y teorizó el ideal moderno de una constitución ampliada y federal que combina el autogobierno local con un orden nacional general". Feldman añade que el "modelo de gobierno constitucional protector de la libertad" de Madison es "la idea estadounidense más influyente en la historia política mundial".

Las encuestas de historiadores y politólogos tienden a clasificar a Madison como un presidente por encima de la media. Una encuesta realizada en 2018 por la sección de Presidentes y Política Ejecutiva de la Asociación Americana de Ciencias Políticas clasificó a Madison como el duodécimo mejor presidente. El historiador Gordon Wood elogia a Madison por su firme liderazgo durante la guerra y su determinación de evitar la expansión del poder presidencial, y destaca la observación de un contemporáneo de que la guerra se llevó a cabo "sin un solo juicio por traición, ni siquiera un proceso por difamación". No obstante, muchos historiadores han criticado el mandato de Madison como presidente. Henry Steele Commager y Richard B. Morris dijeron en 1968 que la visión convencional de Madison era la de un "presidente incapaz" que "gestionó mal una guerra innecesaria". Una encuesta realizada en 2006 entre historiadores situó el fracaso de Madison en la prevención de la Guerra de 1812 como el sexto peor error cometido por un presidente en ejercicio.

Memorias

Montpelier, la plantación de la familia Madison, ha sido designada monumento histórico nacional. El James Madison Memorial Building es un edificio de la Biblioteca del Congreso de los Estados Unidos y sirve de monumento oficial a Madison. En 1986, el Congreso creó la Fundación Conmemorativa James Madison como parte de la celebración del bicentenario de la Constitución. Varios condados y comunidades han recibido el nombre de Madison, como el condado de Madison, en Alabama, y Madison, en Wisconsin. Otras cosas que llevan el nombre de Madison son Madison Square, la Universidad James Madison y el USS *James Madison*.

CPSIA information can be obtained
at www.ICGtesting.com
Printed in the USA
BVHW030826150822
644607BV00014B/317